**gallina**

găină

**gallo**

cocoș

**pollito**

pui

**patito**

rățușcă

**pavo**

curcan

**burro**

măgar

**cisne**

lebădă

**rana**

broască

**mapache**

raton

**oso**

urs

**ardilla**

veveriță

**mosca**

muscă

**mariquita**

**gărgăriță**

**gusano**

**vierme**

**caracol**

**melc**

**babosa**

**limax**

**abeja**

albină

**araña**

păianjen

**escarabajo**

cărăbuș

**libélula**

libelulă

**león**

leu

**cebra**

zebră

**jirafa**

girafă

**rinoceronte**

rinocer

**serpiente**

șarpe

**mosquito**

țânțar

**tortuga marina**

țestoasă marină

**hipopótamo**

hipopotam

**caimán**

aligator

**cocodrilo**

crocodil

**tiburón**

rechin

**morsa**

morsă

**pingüino**

pinguin

**oso polar**

urs polar

**foca**

focă

**estrella de mar**

stea de mare

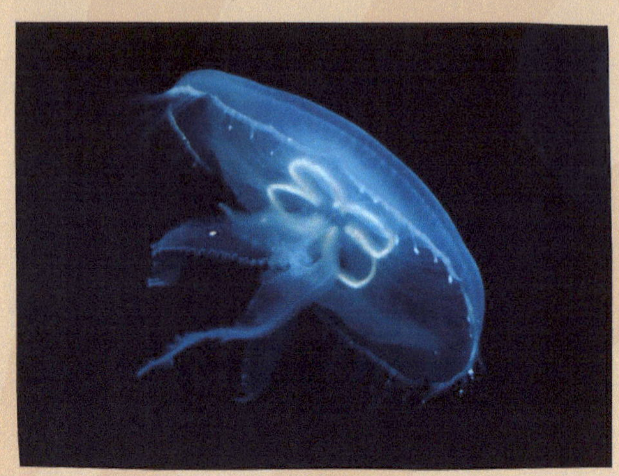

**medusa**

meduză

**conchas marinas**

scoici

**pluma**

pană

# 11

once

unsprezece

# 12

doce

doisprezece

# 13

trece

treisprezece

# 14

catorce

paisprezece

**15**

quince

cincisprezece

**16**

dieciséis

şaisprezece

**17**

diecisiete

șaptesprezece

**18**

dieciocho

optsprezece

# 19

diecinueve

nouăsprezece

# 20

veinte

douăzeci

**corazón**

inimă

**óvalo**

oval

**flecha**

săgeată

**creciente**

semilună

**curva**

curbă

**espiral**

spirală

**cruz**

cruce

**zigzag**

zigzag

**colores oscuros**

**culori închise**

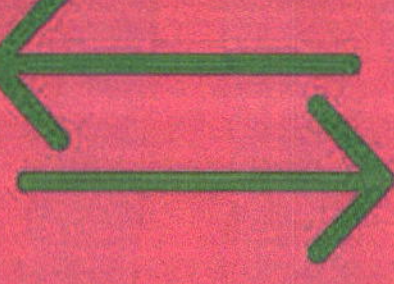

**colores claros**

**culori deschise**

**puntos**

puncte



**línea**

linie

**bajo**

scund

**alto**

înalt

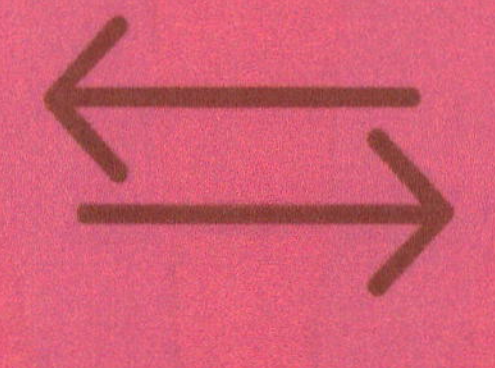

**un poco**

**puțin**

**mucho**

**mult**

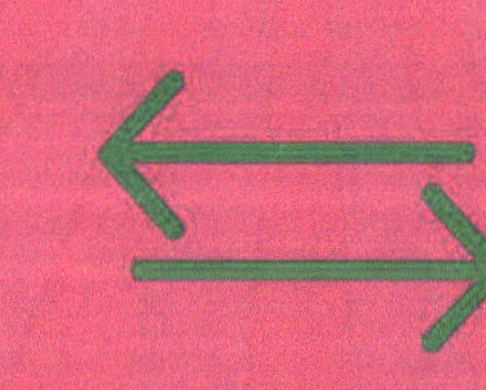

**lleno**

**plin**

**vacío**

**gol**

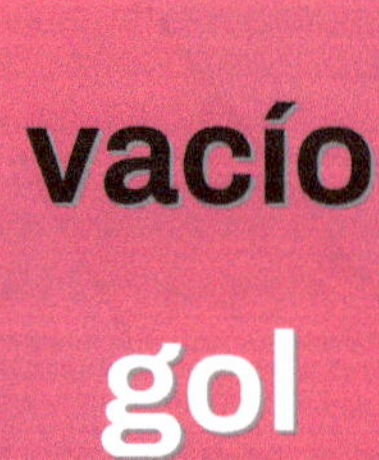

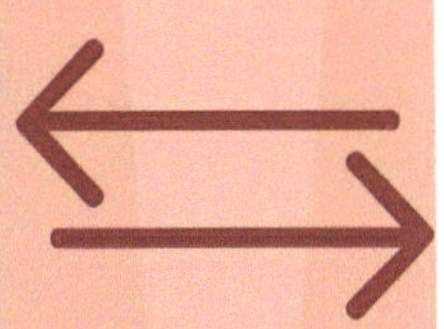

**cabello rizado**

păr creț

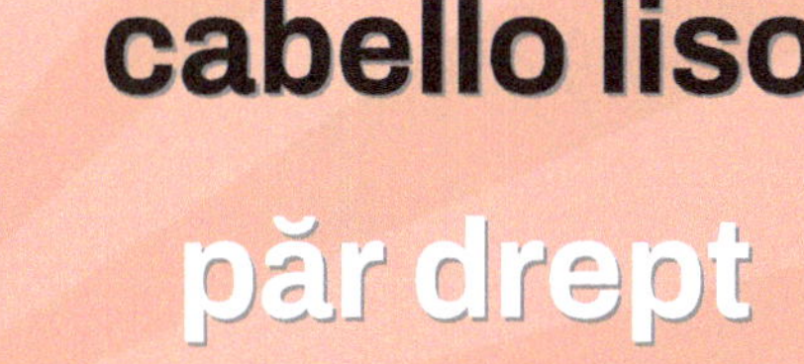

**cabello liso**

păr drept

**aceptar**

a accepta

**rechazar**

a refuza

**idéntico**

identic

**diferente**

diferit

**seco**

uscat

**mojado**

ud

**juguetes**

jucării

**bloques**

cuburi

**pelota**

minge

**robots**

roboți

**lengua**

limbă

**nariz**

nas

**cabello**

păr

**bigote**

mustață

**dedos**

degete

**brazo**

braț

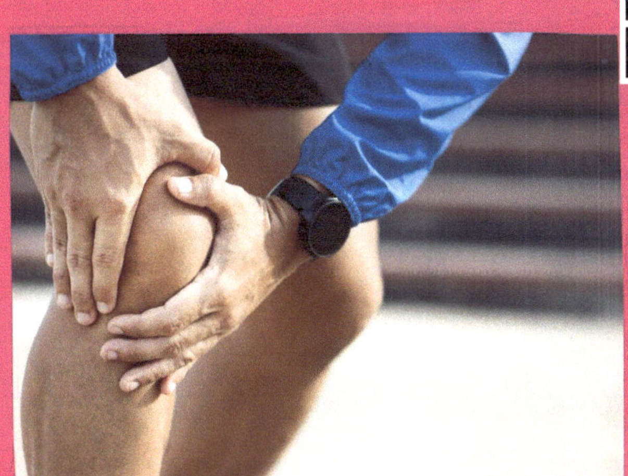

**rodilla**

genunchi

**codo**

cot

**sonreír**

**a zâmbi**

**beso**

**sărut**

**llorar**

**a plânge**

**dolor**

**durere**

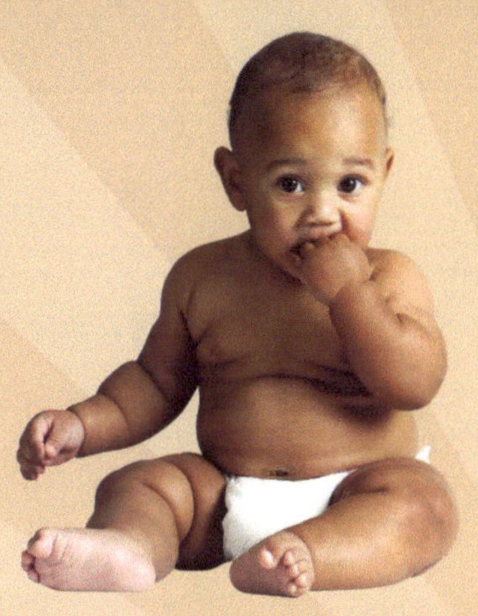

**cuerpo**

corp

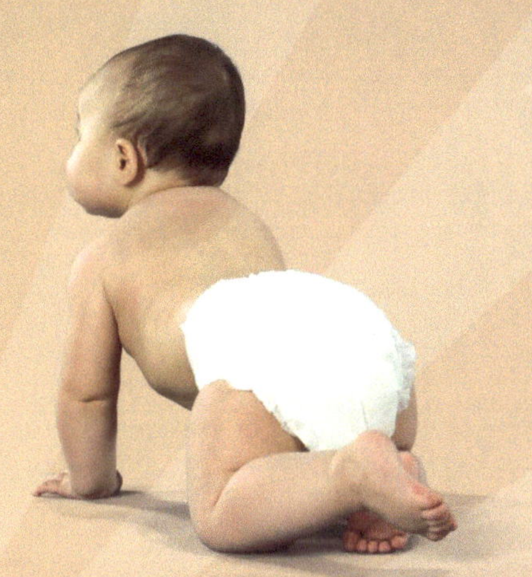

**espalda**

spate

**chupete**

suzetă

**trona**

scaun înalt

**jabón**

săpun

**cepillo de dientes**

periuță de dinți

**toalla**

prosop

**orinal**

oliță

**anillo**

inel

**pulsera**

brățară

**collar**

colier

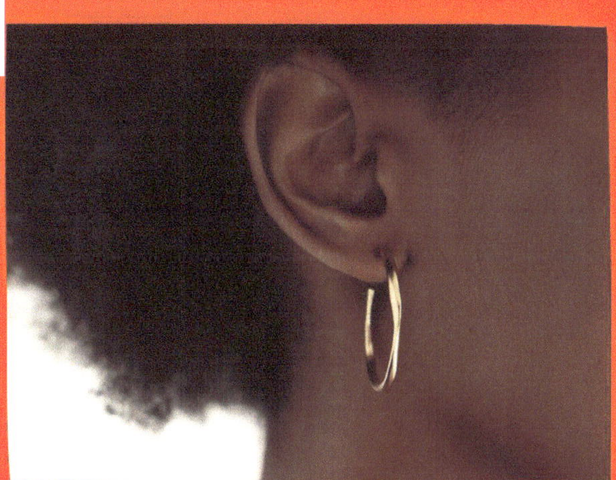

**pendiente**

cercel

**chocolate**

ciocolată

**palomitas**

popcorn

**mermelada**

gem

**tostada**

pâine prăjită

**miel**

miere

**mantequilla**

unt

**pan**

pâine

**helado**

înghețată

**sémola**

griș

**arroz**

orez

**pasta**

paste

**sopa**

supă

**leche**

**lapte**

**agua**

**apă**

**zumo**

**suc**

**kiwi**

kiwi

**frambuesa**

zmeură

**pomelo**

grepfrut

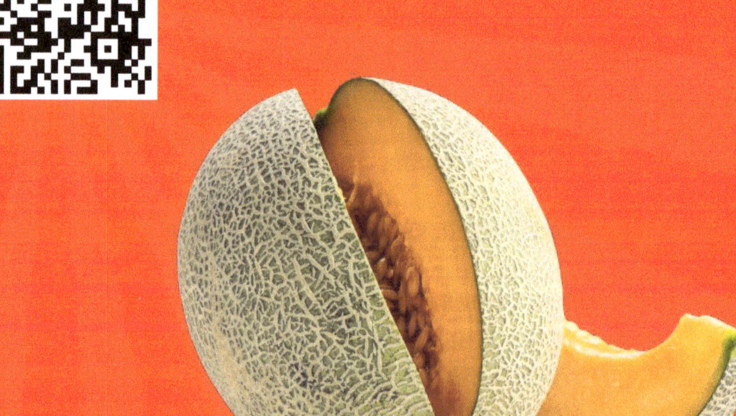

**melón**

pepene galben

**ciruela**

prună

**albaricoque**

caisă

**granada**

rodie

**higo**

smochină

**arándano**

afină

**arándano**

merișor

**caqui**

kaki

**lichi**

litchi

**frutas**

fructe

**verduras**

legume

**aguacate**

avocado

**judía verde**

fasole verde

**brócoli**

broccoli

**berenjena**

vânătă

**guisantes**

mazăre

**pimiento**

ardei gras

**remolacha**

sfeclă

**lechuga**

salată verde

**endivia**

andivă

**alcachofa**

anghinare

**puerro**

praz

**cebolla**

ceapă

**ajo**

usturoi

**jengibre**

ghimbir

**nueces**

nuci

**almendra**

migdală

**pistacho**

fistic

**anacardo**

caju